AF498266

SUR LES EMPRUNTS

QUE NOUS AVONS FAITS A LA SCIENCE ARABE

ET EN PARTICULIER DE LA DÉTERMINATION

DE LA TROISIÈME INÉGALITÉ LUNAIRE
OU VARIATION

PAR ABOUL-WÉFÂ DE BAGDAD

ASTRONOME DU Xᵉ SIÈCLE

LETTRE

DE M. L. AM. SÉDILLOT

A D. B. BONCOMPAGNI

EXTRAIT DU *BULLETTINO DI BIBLIOGRAFIA E DI STORIA DELLE SCIENZE MATEMATICHE E FISICHE* TOME VIII. — FÉVRIER 1875.

ROME

IMPRIMERIE DES SCIENCES MATHÉMATIQUES ET PHYSIQUES
Via Lata, N.º 211 A.
1875

SUR LES EMPRUNTS QUE NOUS AVONS FAITS A LA SCIENCE ARABE,

ET EN PARTICULIER DE LA DÉTERMINATION DE LA TROISIÈME INÉGALITÉ LUNAIRE OU VARIATION

PAR ABOUL – WÉFA DE BAGDAD

ASTRONOME DU Xᶜ SIÈCLE

Cher Prince,

Il semble que ce soit un parti pris de vouer à l'oubli et les Arabes, et l'influence qu'ils ont exercée pendant toute la durée du moyen-âge sur la civilisation moderne.

Bossuet, dans son discours sur l'histoire universelle, après avoir traité de la grandeur et de la décadence des anciens empires, s'arrête à (1) :

« Cet empire (Arabe), qui a
» commencé deux cents ans avant Charlemagne »,

se réservant de nous découvrir plus tard (2)

« les causes du prodigieux
» succès de Mahomet et de ses successeurs »;

le silence qu'il a gardé à cet égard , a contribué à laisser planer sur cette période de plusieurs siècles une obscurité profonde que le fanatisme et l'ignorance ont rendue de jour en jour plus épaisse. On est tout surpris de trouver dans les ouvrages qui s'impriment actuellement la confusion la plus étrange qu'on puisse concevoir. Ici Mousa fait la conquête de l'Espagne en l'année 710 de notre ère , à la tête de 25 mille Turcs! là on lit que les nombreuses invasions et le long séjour des *Sarrasins* dans le midi de la France, du 8ᵐᵉ au 11ᵐᵉ siècle, n'ont absolument laissé aucune trace ni dans nos patois méridionaux ni

---

(1) DISCOURS ‖ SUR ‖ L'HISTOIRE ‖ UNIVERSELLE ‖ PAR BOSSUET ‖ ÉDITION CONFORME A CELLE DE 1700 ‖ TROISIÈME ET DERNIÈRE ÉDITION REVUE PAR L'AUTEUR ‖ PARIS ‖ LIBRAIRIE DE FIRMIN DIDOT FRÈRES, FILS ET Cᴵᴱ ‖ IMPRIMEURS DE L'INSTITUT, RUE JACOB, 56 ‖ 1864, page 429, lig. 20—21.

(2) DISCOURS ‖ SUR ‖ L'HISTOIRE ‖ UNIVERSELLE ‖ PAR BOSSUET, ‖ ÉDITION CONFORME A CELLE DE 1700, etc., page 429, lig. 19—20.

dans la langue française; comme si l'influence arabe ne s'était point fait sentir aux diverses époques de notre histoire, aussi bien au temps des premières invasions, que pendant les Croisades, et lorsque l'expulsion des Maures d'Espagne faisait interner des Tribus Arabes en Auvergne et dans le bas Limousin. Les patois de ces provinces sont peuplés de mots arabes; les noms propres y affectent à chaque pas une forme toute arabe; le *glossaire de la langue romane* de Roquefort nous montre la trace d'emprunts faciles à reconnaître et faits après coup.

Il en est de même pour la nomenclature scientifique; nos lexicographes modernes, le savant Littré lui même dont l'amitié nous est chère, acceptent des étymologies à *faire dresser,* comme aurait dit Pascal, *les cheveux à la tête.* Cependant nos maîtres nous apprennent que sans l'étymologie on ne peut arriver à la parfaite connaissance d'une langue, et que

> « L'art étymologique est donc l'art de débrouiller ce qui
> » déguise les mots , de les dépouiller de ce qui , pour ainsi
> » dire, leur est étranger, & par ce moyen de les ramener à la
> » simplicité qu'ils ont tous dans leur origine » (1).

Malheureusement il a toujours manqué à nos meilleurs lexicographes la connaissance des dialectes de l'Orient ; l'arabe, conservé dans toute sa pureté par l'Alcoran (le Coran), et la plus admirable des langues, est resté pour eux lettre morte. Ils ne songent même pas que les mots qu'ils supposent italiens, espagnols, portugais, et qui ne dénoncent pas une origine latine, doivent avoir été empruntés à l'arabe. Ils ne peuvent oublier pourtant que la péninsule Ibérique a été presqu'entièrement sous la domination musulmane du VIIIe au XVe siècle; que les grandes îles de la Méditerranée, que la Sicile notamment, et le littoral africain ont été pendant cette période au pouvoir des arabes; que le pape Jean VIII leur payait un tribut annuel pour préserver l'Italie méridionale de leurs incursions ; que Palerme , le Caire, Fez, etc. avaient un éclat littéraire comparable à celui de Bagdad et de Cordoue; que l'an 1150 de notre ère Edrisi écrivait en arabe son traité de Géographie pour le roi chrétien Roger 1er; qu'un siècle plus tard l'empereur Fréderic II accueillait à sa cour les fils d'Averroès; et il faut véritablement n'avoir nul souci des ouvrages de MM. Narducci, Dozy, de Souza, et de ceux des orientalistes français (2), pour donner asile à des suppositions tout-à-fait fantastiques.

---

(1) MÉMOIRES ‖ DE LITTÉRATURE, ‖ TIRÉS DES REGISTRES ‖ DE L'ACADÉMIE ROYALE ‖ DES INSCRIPTIONS ‖ ET BELLES-LETTRES, ‖ *Depuis l'année M. DCCXLIV, jusques & compris l'année M. DCCXLVI.*‖ TOME VINGTIÉME. ‖ A PARIS, ‖ DE L'IMPRIMERIE ROYALE. ‖ M. DCCLIII , page 7 , lig. 33—36 , *DISSERTATION ‖ SUR LES PRINCIPES DE L'ÉTYMOLOGIE ‖ PAR RAPPORT A LA LANGUE FRANÇOISE.* ‖ Par M. FALCONET. — GLOSSAIRE ‖ DE LA ‖ LANGUE ROMANE, ‖ Rédigé d'après les Manuscrits de la Bibliothèque Impériale, ‖ et d'après ce qui a été imprimé de plus complet en ce genre , etc. DÉDIÉ A SA MAJESTÉ JOSEPH NAPOLEON ‖ ROI DE NAPLES ET DE SICILE. ‖ PAR J. B. B. ROQUEFORT. ‖ TOME PREMIER. ‖ A PARIS ‖ Chez B. WARÉE oncle, Libraire, quai des Augustins, n.º 13. ‖ DE L'IMPRIMERIE DE CRAPELET. ‖ M DCCC VIII, page v, lig. 10—14.

(2) COMPTES RENDUS ‖ HEBDOMADAIRES ‖ DES SÉANCES ‖ DE L'ACADÉMIE DES SCIENCES, etc. TOME

. Faut-il donc rappeller encore une fois qu'au commencement du IXe siècle de notre ère, les Khalifes étaient maîtres d'un vaste empire d'une merveilleuse splendeur; que les souverains de Bagdad envoyaient à la fois des ambassades et des présents à l'Empereur Charlemagne, et à l'empereur de la Chine; qu'ils donnaient l'exemple de la véritable grandeur par leurs sages institutions et par leurs encouragements aux lettres et aux sciences; que des Écoles fondées sur toute l'étendue de leurs états, rallumaient le flambeau de la civilisation, de l'extrème orient aux colonnes d'Hercule, laissant partout d'admirables monuments de l'art arabe, et contribuaient à renouveler le sang du vieux monde?

L'influence que l'École de Bagdad a exercée sur le progrès des sciences n'a pas été moindre, comme intermédiaire entre l'École d'Alexandrie, et l'École moderne dont elle a préparé les découvertes; au point de vue scientifique nous devons tout aux Arabes; seulement, il faut bien le reconnaître, nos traducteurs semblent avoir pris plaisir à défigurer de la manière la plus étrange les expressions qu'ils leur empruntaient, et la nomenclature dont nous nous servons encore aujourd'hui, revèle à chaque pas la confusion ou l'ignorance (t); on ne peut se faire une idée de la négligence des interprètes, et dans un autre ordre d'idées, de l'indifférence des souverains qui se sont montrés amis des lettres. Un gouvernement éclairé aurait dû faire pour les manuscrits arabes ce que les Khalifes de Bagdad avaient si heureusement accompli pour les livres

<hr>

SOIXANTE-DOUZIÈME. ‖ JANVIER-JUIN 1871. ‖ PARIS, ecc. 1871, page 571, lig. 21—33: pages 572—574; page 575, lig. 1—4, N.° 19, SÉANCE DU LUNDI 8 MAI 1871; page 777, lig. 9—29, 32—37; pages 778—781; page 782, lig. 1—6, 35—36, N.° 24, SÉANCE DU LUNDI 19 JUIN 1871. — COMPTES RENDUS ‖ HEBDOMADAIRES ‖ DES SÉANCES ‖ DE L'ACADÉMIE DES SCIENCES, etc. TOME SOIXANTE-TREIZIÈME. ‖ JUILLET-DÉCEMBRE 1871‖PARIS, etc. 1871, page 284, lig. 5—36; pages 285—287; page 288, lig. 1—3, N.° 4, SÉANCE DU LUNDI 24 JUILLET 1871; page 756, lig. 6—36: pages 757—760; page 761, lig. 1—13, 30—32, N° 12, SÉANCE DU LUNDI 18 SEPTEMBRE 1871. — *Observations sur les termes empruntés à la langue arabe;* ‖ PAR M. L.-AM. SÉDILLOT (In-4.°, de 4 pages, dans la 4e desquelles, numérotée 4 (lignes 29—31), on lit: « (8 mai 1871.)‖GAUTHIER-VILLARS, IMPRIMEUR-LIBRAIRE DES COMPTES REN- » DUS DES SÉANCES DE L'ACADÉMIE DES SCIENCES. ‖ Paris. — Rue de Seine-Saint-Germain, 10, près l' » Institut »). — *Des connaissances scientifiques des Orientaux, à propos* ‖ *des étymologies arabes;* ‖ PAR M. L.-AM. SÉDILLOT (In-4°, de 6 pages, dans la 6e desquelles, numérotée 6 (lig. 9—11), on lit: « (19 juin 1871.)‖GAUTHIER-VILLARS, IMPRIMEUR-LIBRAIRE DES COMPTES RENDUS DES SÉANCES » DE L'ACADÉMIE DES SCIENCES. ‖ Paris. — Rue de Seine — Saint Germain, 10, près l'Institut »). — *Des emprunts faits par le français à la langue arabe* ‖ PAR M. L.-AM. SÉDILLOT (In 4.°, de 4 pages, dans la 4ème desquelles, numérotée 4 (lig. 35—37), on lit: « (24 juillet‖1871.) GAUTHIER-VILLARS, » IMPRIMEUR-LIBRAIRE DES COMPTES RENDUS DES SÉANCES DE L'ACADÉMIE DES SCIENCES. ‖ Paris. — » Rue de Seine-Saint-Germain, 10, près l'Institut »). — UN DERNIER MOT SUR LES ARABES; ‖ PAR M. L.-AM. SÉDILLOT (In 4°, de 6 pages, dans la 6e desquelles, numérotée 6 (lig. 17—19), on lit: « (18 » septembre 1871.)‖GAUTHIER-VILLARS, IMPRIMEUR-LIBRAIRE DES COMPTES RENDUS DES SÉANCES DE » L'ACADÉMIE DES SCIENCES. ‖ Paris. — Rue de Seine-Saint-Germain, 10, près l'Institut »).

(1) BULLETTINO ‖ DI ‖ BIBLIOGRAFIA E DI STORIA ‖ DELLE ‖ SCIENZE MATEMATICHE E FISICHE ‖ PUBBLICATO ‖ DA B. BONCOMPAGNI, etc. TOMO I. ‖ ROMA, etc. 1868, pages 217—222, LUGLIO 1868. — DE L'ÉCOLE DE BAGDAD ‖ ET ‖ DES TRAVAUX SCIENTIFIQUES DES ARABES. ‖ LETTRE ‖ DE M. L. AM. SÉDILLOT, etc. A D. B. BONCOMPAGNI ‖ EXTRAIT DU *BULLETTINO*, etc. TOMO I. — LUGLIO 1868. ‖ ROMA, etc. 1868 (In 4.°, de 8 pages).

grecs, et dans cette recherche des épaves intellectuelles d'un autre âge, ne reculer devant aucun sacrifice. N'est il pas honteux pour nous de ne posséder que des fragments des Astronomes arabes du IX° siècle, et de leurs successeurs, et de ne pouvoir nous procurer un seul exemplaire complet de leurs écrits?

On ne connaît même pas exactement ce que contiennent les débris épars dans quelques unes des bibliothèques de l'Europe, et il est à regretter que les travaux entrepris pour combler ces *desiderata* soient si peu encouragés (1), au moment même où de récentes publications ont modifié si profondément des doctrines et des convictions qui faisaient loi et semblaient indiscutables.

Pourquoi la découverte de la *Variation* par Aboul-Wéfâ est-elle encore en question pour quelques esprits prévenus?

Pourquoi s'en tenir depuis plus de trente ans à ce seul point d'astronomie orientale, et affecter de fermer les yeux sur les autres progrès que l'Ecole de Bagdad a fait faire à l'astronomie grecque?

Pourquoi faut-il rappeler les mots « *mala fides* » qui ont retenti contre les détracteurs d'Aboul-Wéfâ?

Ce débat soulevé une dernière fois, sera clos, j'espère, par une note que j'ai soumise au jugement de MM. les membres du Bureau des Longitudes, et à laquelle vous voulez bien donner la publicité de votre estimable recueil.

Rétablissons tout d'abord le point de départ: nous avons dit que le Mohadzat d'Aboul-Wéfâ ajouté à la *prosneuse* de Ptolémée, et comparé à la *Variation* de Tycho-Brahé s'écartait de l'exposé de l'astronome grec et s'identifiait complètement avec la troisième inégalité de l'astronome danois. Le rapprochement des termes πρόσνευσις (*prosneuse*) et Mohadzat fit supposer que ce pouvait être la même chose, quoique nous eussions démontré qu'on devait leur attribuer une signification différente, fait admis par J. B. Biot lui-même.

M. Munk, trompé par la fausse interprétation d'un texte hébreu, crut pouvoir affirmer que le Mohadzat d'Aboul-Wéfâ n'était pas autre chose que la *prosneuse* de Ptolémée, en laissant de côté la *Variation* de Tycho-Brahé; J. B. Biot s'emparant de cette idée trouva moyen d'obscurcir la question, en substituant à ma traduction déclarée irréprochable, un mot-à-mot inintelligible.

M. Bertrand est venu à son tour (2) soutenir contre l'évidence que les expres-

---

(1) COMPTES RENDUS ‖ HEBDOMADAIRES ‖ DES SÉANCES ‖ DE L'ACADÉMIE DES SCIENCES, etc. TOME SOIXANTE-SEPTIÈME. ‖ JUILLET-DÉCEMBRE 1868. ‖ PARIS, etc. 1868, page 1110, lig. 7—36; page 1111, lig. 1—2. N° 22, SÉANCE DU LUNDI 30 NOVEMBRE 1868. — COMPTES RENDUS ‖ HEBDOMADAIRES ‖ DES SÉANCES ‖ DE L'ACADÉMIE DES SCIENCES, etc. TOME SOIXANTE-TREIZIÈME. ‖ JUILLET-DÉCEMBRE 1871, etc., page 479, lig. 8—31, N° 7, SÉANCE DU LUNDI 14 AOUT 1871; page 808, lig. 12—24, 33. N° 14, SÉANCE DU LUNDI 2 OCTOBRE 1871.

(2) JOURNAL ‖ DES SAVANTS. ‖ ANNÉE 1871. ‖ PARIS. ‖ IMPRIMERIE NATIONALE. ‖ M DCCC LXXI, page 464, lig. 27—38, OCTOBRE 1871 — LA ‖ THÉORIE DE LA LUNE ‖ D'ABOUL-WEFÂ. ‖ (EXTRAIT DU *JOURNAL DE SAVANTS*, OCTOBRE 1871.) ‖ PARIS, ‖ GAUTHIER-VILLARS, IMPRIMEUR-LI-

sions *trine* et *sextile* ne représentaient pas les octants et qu'Aboul—Wéfâ était un compilateur sans valeur.

On fit rechercher un second manuscrit de l'almageste arabe, jusqu'à ce jour introuvable, comme si le texte authentique que nous avons sous les yeux, et qui contient *la Variation*, ne suffisait pas pour établir un point de fait.

MM. les Membres du Bureau des Longitudes accepteront sans doute les explications résumées dans la lettre suivante que j'ai eu l'honneur de leur adresser:

« Messieurs

» On devait croire que tout jugement serait suspendu au sujet de la détermination de la *variation* par Aboul—Wéfâ, jusqu'à ce que la copie d'un manuscrit de cet astronome, qu'on supposait exister à Constantinople, eût été communiquée à l'Académie des Sciences; néanmoins, sans plus attendre, on imprime que la découverte d'Aboul—Wéfâ est illusoire (1) ».

« Mais toute la question repose sur l'exacte interprétation d' un texte que nous possédons, et dont on ne conteste pas l'authenticité (2). J'ai l'honneur de vous transmettre ce texte, et la traduction revue encore une fois par M. Defrémery, Membre de l'Institut, professeur d'Arabe au Collége de France ».

« La *Variation* s'y trouve—t—elle virtuellement comprise ? Doit—on ne tenir aucun compte de l'opinion affirmative de MM. Arago (3), Mathieu (4), Poinsot (5),

---

BRAIRE ‖ DU BUREAU DES LONGITUDES, DE L'ÉCOLE POLYTECHNIQUE, ‖ SUCCESSEUR DE MALLET-BACHELIER, ‖ Quai des Augustins, 55. ‖ 1873, (in 4° de 24 pages), page 12, lig. 10—21. — BULLETTINO ‖ DI ‖ BIBLIOGRAFIA E DI STORIA ‖ DELLE ‖ SCIENZE MATEMATICHE E FISICHE ‖ PUBBLICATO ‖ DA B. BONCOMPAGNI, etc. TOMO IV. ‖ ROMA, etc. 1871, page 405, lig. 6—9, 26—31; page 408, lig. 13—21, 51—53OTTOBRE 1871. — DES SAVANTS ARABES ‖ ET DES SAVANTS D'AUJOURD' HUI ‖ A PROPOS DE QUELQUES RECTIFICATIONS ‖ LETTRE ‖ DE M. L.-AM.SÉDILLOT ‖ A D. B. BONCOMPAGNI ‖ EXTRAIT DU *BULLETTINO*, etc. TOMO IV. — OTTOBRE 1871. ‖ ROME, etc. 1871, page 7, lig. 6—9, 26—31. — Voyez plus loin, les notes (2) et (3) de la page 11, et la note (3) de la page 12.

(1) Nos 4, 5 et 6 — AVRIL, MAI et JUIN 1873, etc. QUAI DES AUGUSTINS, 55, A PARIS. ‖ LIBRAIRIE DE GAUTHIER-VILLARS ‖ SUCCESSEUR DE MALLET-BACHELIER, ‖ SPÉCIALE POUR ‖ LES MATHÉMATIQUES, LA PHYSIQUE, LA CHIMIE, LES ARTS MÉCANIQUES, LES PONTS ‖ ET CHAUSSÉES, LA MARINE ET L'INDUSTRIE.‖Bulletin‖DE‖AVRIL, MAI ET JUIN 1873, page 27, lig. 10—21.

(2) Le manuscrit arabe, n.° 1138, *ancien fonds* de la Bibliothèque nationale, quoiqu' incomplet, fournit les éléments nécessaires au jugement du débat soulevé. — On connaissait l'origine du manuscrit acheté en Orient par ordre de Colbert (JOURNAL ‖ DES SAVANTS. ‖ ANNÉE 1871, etc. , page 458, lig. 25—26). — LA ‖ THÉORIE DE LA LUNE ‖ D'ABOUL-WEFÂ. ‖ (EXTRAIT DU *JOURNAL DES SAVANTS*, OCTOBRE 1871), etc., page 4, lig. 31—32). — L'objection, de Libri que le passage en question fût une interpolation, tomba d'elle même, et sur ce point aujourd'hui les avis ne sont pas divisés (JOURNAL ‖ DES SAVANTS. ‖ ANNÉE 1871, etc., page 458, lig. 27—29). — LA ‖ THÉORIE DE LA LUNE ‖ D'ABOUL-WEFÂ.‖ (EXTRAIT DU *JOURNAL DES SAVANTS*, OCTOBRE 1871), etc., page 4, lig. 33; page 5, lig. 1—2.

(3) ASTRONOMIE POPULAIRE ‖ PAR ‖ FRANÇOIS ARAGO, etc. PUBLIÉE ‖ D'APRÈS SON ORDRE SOUS LA DIRECTION ‖ DE ‖ M. J.-A. BARRAL, etc. TOME TROISIÈME ‖ ŒUVRE POSTHUME ‖ PARIS , etc. LEIPZIG, etc. 1856, page 384, lig. 11—14.

(4) COMPTES RENDUS ‖ HEBDOMADAIRES ‖ DES SÉANCES ‖ DE L'ACADÉMIE DES SCIENCES, etc. TOME SEPTIÈME ‖ JUILLET-DÉCEMBRE 1838. ‖ PARIS, etc. 1838, page 1015, lig. 11—37; page 1016; page 1017, lig, 1—24, N.° 24, SÉANCE DU LUNDI 10 DÉCEMBRE 1838.

(5) LETTRE ‖ A ‖ M. DE HUMBOLDT, ‖ SUR ‖ LES TRAVAUX DE L'ÉCOLE ARABE, ‖ PAR M. SÉDILLOT,

Savary (1), Liouville (2), Michal (3), De Humboldt (4), malgré l'argumentation et l'insistance de M. Chasles (5) et l' intervention de M. Le Verrier (6)?

etc. PARIS, || TYPOGRAPHIE DE FIRMIN DIDOT, etc. 1853, page 22, lig. 4—10. — BULLETTINO || DI || BIBLIOGRAFIA, etc. TOMO IV, etc., page 407, lig. 4—7, 35—48. OTTOBRE 1871. — DES SAVANTS ARABES, etc. LETTRE || DE M. L. - AM. SÉDILLOT, etc., page 9, lig. 4—7, 35—48.

(1) MATÉRIAUX || POUR SERVIR || A L'HISTOIRE COMPARÉE || DES || SCIENCES MATHÉMATIQUES || CHEZ LES GRECS ET LES ORIENTAUX || PAR M. L. AM. SÉDILLOT, etc. PARIS, etc. 1845, page 89, lig. 15—20.

(2) *Lettre à* M. L. Am. SÉDILLOT, *sur la Question de la* Variation || *lunaire découverte par* ABOUL-WÉFA; || PAR M. CHASLES (In 4.°, de 16 pages, dans la 15° desquelles, numérotée 15 (lig. 41—42) on lit: « MALLET-BACHELIER, IMPRIMEUR-LIBRAIRE DES COMPTES RENDUS DES SÉANCES DE L'ACADÉ» MIE DES SCIENCES. || PARIS.— RUE DE SEINE—SAINT-GERMAIN, 10, PRÈS L'INSTITUT »), page 1, lig. 5—8.

(3) COMPTES RENDUS || HEBDOMADAIRES || DES SÉANCES || DE L'ACADÉMIE DES SCIENCES, etc. TOME TRENTIÈME. || JANVIER-JUIN 1850. || PARIS, etc. 1850, page 629, lig. 24—32; page 630—632; page 633; lig. 1—3, N° 20, SÉANCE DU LUNDI 20 MAI 1850.

(4) Kosmos. || Entwurf || einer physischen Weltbeschreibung || von || Alexander von Humboldt. || Zweiter Band. || Stuttgart und Tübingen. || I. G. Cotta'scher Verlag. || 1847, page 260, lig. 19—24: page 453, lig. 30—34, Anmerkungen 12, (S. 260.) — COSMOS || ESSAI D'UNE || DESCRIPTION PHYSIQUE DU MONDE || PAR || ALEXANDRE DE HUMBOLDT; || TRADUIT || par CH. GALUSKY. || TOME DEUXIÈME. || PARIS, etc. 1848, page 272, lig. 18—25; page 539, lig. 21—25. NOTES DE LA SECONDE PARTIE (12) (page 272).

(5) COMPTES RENDUS || HEBDOMADAIRES || DES SÉANCES || DE L'ACADÉMIE DES SCIENCES, etc. TOME CINQUANTE-QUATRIÈME. || JANVIER-JUIN 1862. || PARIS, etc. 1862, page 1002, lig. 6—36; pages 1003—1011; page 1012, lig. 1—10, N° 18, SÉANCE DU LUNDI 12 MAI 1862. — INSTITUT IMPÉRIAL DE FRANCE || ACADÉMIE DES SCIENCES. || Extrait des *Comptes rendus des séances de l' Académie des Sciences,* || tome LIV, || séance du 12 mai 1862. || ASTRONOMIE ANCIENNE. — *Sur la Découverte de la* Variation *lunaire;*|| PAR M. CHASLES (In 4.°, de 11 pages), dans la 11° desquelles, numérotée 11 (lig. 11—12) on lit: « MALLET—BACHELIER, IMPRIMEUR—LIBRA'RE DES COMPTES RENDUS DES SÉANCES DE L'ACADÉMIÉ » DES SCIENCES. || PARIS. — RUE DE SEINE—SAINT—GERMAIN, 10, PRÈS L'INSTITUT) ». — COMPTES RENDUS || HEBDOMADAIRES || DES SÉANCES || DE L'ACADÉMIE DES SCIENCES, etc. TOME SOIXANTE-TREIZIÈME. || JUILLET—DÉCEMBRE 1871, etc., page 588, lig. 18—36; pag. 589, lig. 1—5, 23. N° 10, SÉANCE DU LUNDI 4 SEPTEMBRE 1871; page 637, lig. 20—25; page 638—646; page 647, lig. 1—26. N° 11, SÉANCE DU LUNDI 11 SEPTEMBRE 1871; page 805, lig. 8—22; pages 806—807; page 808, lig. 1—21, 32—33, N° 14, SÉANCE DU LUNDI 2 OCTOBRE 1871; page 890, lig. 1—12, N° 15, SÉANCE DU LUNDI 9 OCTOBRE 1871; page 932, lig. 22—28; pages 933—934, N° 16, SÉANCE DU LUNDI 16 OCTOBRE 1871. — INSTITUT NATIONAL DE FRANCE. || ACADÉMIE DES SCIENCES || Extrait des *Comptes rendus des séances de l'Académie des Sciences,* t. LXXIII, || séances de 4 et 11 septembre, et des 2, 9 et 16 octobre 1871. || HISTOIRE DE L'ASTRONOMIE. || *Sur la découverte de la variation lunaire;* || PAR M. CHASLES (In 4.°, de 18 pages, dans la 18e desquelles, numérotée 18 (lig. 9—10) on lit : « GAUTHIER-VIL» LARS, IMPRIMEUR LIBRAIRE DES COMPTES RENDUS DES SÉANCES DE L' ACADÉMIE DES SCIENCES || » Paris. — Rue de Seine-Saint-Germain, 10, près l'Institut »). — COMPTES RENDUS || HEBDOMADAIRES || DES SÉANCES || DE L'ACADÉMIE DES SCIENCES, etc. TOME SOIXANTE-SEIZIÈME.|| JANVIER-JUIN 1873 || PARIS, etc. 1873, page 859, lig. 20—31; pages 860—863; page 864, lig. 1—23, N° 14, SÉANCE DU LUNDI 7 AVRIL 1873; page 901, lig. 15—23; pages 902—908; page 909, lig. 1—7, N° 15, SÉANCE DU LUNDI 14 AVRIL 1873. — INSTITUT DE FRANCE. || ACADÉMIE DES SCIENCES. || Extrait des *Comptes rendus des séances de l'Académie des Sciences,* t. LXXVI ; || séance des 7 et 14 avril 1873. || *Sur la découverte de la variation par Aboul-Wefá;* || PAR M. CHASLES (In 4.°, de 15 pages, dans la 15° desquelles, numérotée 15 (lig. 21—22) on lit : « GAUTHIER—VILLARS, IMPRIMEUR—LIBRAIRE DES » COMPTES RENDUS DES SÉANCES DE L'ACADÉMIE DES SCIENCES || Paris. — Quai des Augustins, 55 »).

(6) COMPTES RENDUS || HEBDOMADAIRES || DES SÉANCES || DE L'ACADÉMIE DES SCIENCES, etc. TOME SOIXANTE-TREIZIÈME. || JUILLET-DÉCEMBRE 1871, etc., page 588, lig. 18—36; pag. 589, lig. 1—6, 23, N° 10, SÉANCE DU LUNDI 4 SEPTEMBRE 1871. — INSTITUT NATIONAL DE FRANCE. || ACADÉMIE DES SCIENCES. || Extrait des *Comptes rendus des séances de l'Académie des Sciences,* t. LXXIII, || séances des 4 et 11 septembre, et des 2, 9 et 16 octobre 1871, etc., page 1, lig. 9—25, page 2, lig. 1—8, 30. — Voyez aussi l'opinion de M. Le Verrier sur les astronomes arabes précurseurs de Kepler (COMPTES RENDUS || HEBDOMADAIRES || DES SÉANCES || DE L'ACADÉMIE DES SCIENCES, etc. TOME CINQUANTE-NEU-

» Permettez moi, Messieurs, d'invoquer votre jugement sur cette question essentiellement de votre compétence ».

« MM. Biot et Bertrand se sont trompés en supposant que l'Almageste d'Aboul-Wéfâ est un *abregé inintelligent* de l'*Almageste* de *Ptolémée* (1) ».

« L'ouvrage d'Aboul-Wéfâ est vraiment original (2); l'auteur suit une mar-

---

VIÈME, || JUILLET-DÉCEMBRE 1864, || PARIS, etc. 1864, page 765, lig. 18—31; pages 766—767; page 768, lig. 1—15, N.° 19, SÉANCE DU LUNDI 7 NOVEMBRE 1864).

(1) « La partie astronomique du livre || d'Aboulwefa, n'est que le traité de Ptolémée, amoindri, » tronqué, lacéré || en une multitude de divisions et de sous-divisions, donnant naissance || à des pa- » ragraphes de quelques lignes, où les phénomènes et les mé-||thodes de calcul sont généralement » énoncés comme autant d'aphorismes, || sans principes qui les établissent, sans démonstrations qui » les prouvent, || sans observations qui les justifient » (JOURNAL || DES SAVANTS. || ANNÉE 1843. || PARIS. || IMPRIMERIE ROYALE. || M DCCC XLIII, page 732, lig. 7—13, DÉCEMBRE 1843. — SUR || UN TRAITÉ ARABE || RELATIF || A L'ASTRONOMIE. || ARTICLES DE M. BIOT. || EXTRAITS DU JOURNAL DES SAVANTS, SEPTEMBRE, OCTOBRE, NOVEMBRE || ET DÉCEMBRE 1843 (de 67 pages, dans le 67e desquelles (lig. 39) on lit: « IMPRIMERIE ROYALE. — 1844 »), page 62, lig. 7—13): — « M. Biot est excusable d'avoir » vu dans le texte qui nous occupe une para-||phrase confuse, embarrassée, inintelligente du cin- » quième chapitre du || livre V de l'*Almageste* » (COMPTES RENDUS || HEBDOMADAIRES || DES SÉANCES || DE L'ACADÉMIE DES SCIENCES, etc. TOME SOIXANTE-TREIZIÈME. || JUILLET-DÉCEMBRE 1871. etc., page 585, lig. 12—14. — N° 10, SÉANCE DU LUNDI 4 SEPTEMBRE 1871. — BULLETTINO || DI || BIBLIOGRAFIA E DI STORIA || DELLE || SCIENZE MATEMATICHE E FISICHE, etc. TOMO IV, etc., page 404, lig. 7—9, 41—44, OTTOBRE 1871. — DES SAVANTS ARABES || ET DES SAVANTS D'AUJOURD'HUI, etc. LETTRE || DE M. L.-AM. SÉDILLOT, etc., page 6, lig. 7—9, 41—44).

(2) Delambre l'avait dit dans son ANALYSE DES TRAVAUX DE L'ACADÉMIE DES SCIENCES pendant l'année 1817 (MÉMOIRES || DE || L'ACADÉMIE ROYALE DES SCIENCES || DE L'INSTITUT || DE FRANCE. || ANNÉE 1817. || TOME II. || A PARIS, etc. M. DCCC. XIX, page x lij, lig. 27—30 ; page xliij, lig. 1—4. — ANALYSE DES TRAVAUX || DE || L'ACADÉMIE ROYALE DES SCIENCES || PENDANT L'ANNÉE 1817 || PARTIE MATHÉMATIQUE. || PAR M. LE CH.ᵉʳ DELAMBRE, SECRÉTAIRE PERPÉTUEL (Opuscule, in 4.°, de 82 pages dans la 82e desquelles, numérotée 82 (lig. 9—10) on lit: « DE L'IMPRIMERIE DE FIRMIN DIDOT, || IMPRIMEUR DU ROI ET DE L'INSTITUT, RUE JACOB, N.° 24 »), page (55), lig. 10—17:

> « Ce n'est pas tout. Il existait un almagosto d'Aboul-
> » wéfa, astronome de Bagdad qui vivait au dixième siècle. Cet
> » ouvrage se trouvait dans plusieurs bibliothèques ; Weidler
> » le cite en passant ; il paraît que personne n'avait pris la peine
> » de le lire. On y trouve les formules des tangentes et des sé-
> » cantes, des tables de tangentes et de cotangentes pour tout
> » le quart du cercle. L'auteur en fait le même usage qu'on en
> » fait aujourd'hui dans les calculs trigonométriques ».

On peut voir sur le même ouvrage d'Aboul Wéfa « HISTOIRE||DE||L'ASTRONOMIE || DU MOYEN AGE; || » PAR M. DELAMBRE, etc. PARIS, etc. 1819 » (page 125, lig. 11—28; page 156, lig. 25—37; pages 157—170). — « MATÉRIAUX || POUR SERVIR || A L'HISTOIRE COMPARÉE || DES || SCIENCES MA-» THÉMATIQUES || CHEZ LES GRECS ET LES ORIENTAUX || PAR M. L. AM. SÉDILLOT », etc. (page 27, lig. 7—23, 26—27; page 59, lig. 14—26; pages 60—61; page 62, lig. 1—20, 22—26; page 101, lig. 12—27; page 102, lig. 1—7, 23—26; page 378, lig. 1—6, 22—24). — « HISTOIRE || DES ARABES || PAR || » L. A. SÉDILLOT, etc. PARIS, etc. 1854 » (page 349, lig. 23—24; page 350, lig. 1—24, 34—39. — « APERÇU HISTORIQUE || SUR L'ORIGINE ET LE DÉVELOPPEMENT || DES MÉTHODES EN GÉOMÉTRIE, etc. » PAR M. CHASLES, etc. BRUXELLES, etc. 1837 » (page 494, lig. 30—33, 41; pag. 495, lig. 1—10). — « Geschichte || der || Geometrie,||hauptsächlich mit Bezug || auf die neueren Methoden.||Von||Chasles.|| » Aus dem Französischen übertragen || durch || Dr. L. A. *Sohncke*, etc. Halle, etc. 1839 » (page 571, lig. 16—38, 44; page 572, lig. 1). — « JOURNAL ASIATIQUE, etc. CINQUIÈME SÉRIE || TOME V || PARIS, etc. » MDCCCLV » (N° 18 — FÉVRIER—MARS 1855, page 218, lig. 9—26; pages 219—255; page 256, lig. 1—27, N° 19 — AVRIL 1855, pages 309, lig. 3—23; page 310—359). — « RECHERCHES || SUR || L'HISTOIRE DES » SCIENCES MATHÉMATIQUES || CHEZ LES ORIENTAUX || D'APRÈS DES TRAITÉS INÉDITS ARABES ET PER-» SANS || ANALYSE ET EXTRAIT D'UN RECUEIL DE CONSTRUCTIONS GÉOMÉTRIQUES || PAR ABOÛL WAFÂ.|| » (MANUSCRIT PERSAN N° 169, ANCIEN FONDS DE LA BIBLIOTHÈQUE IMPÉRIALE).||PAR M. F. WOEPCKE.||

10

che tout-à-fait différente de celle de Ptolémée. Au lieu de procéder synthéti-
quement comme l'Astronome grec, il divise son livre en trois parties. Après des
préliminaires où il énumère les connaissances nécessaires à l'étude de l'Astronomie, notamment la trigonométrie sphérique (1), il fait dans la première partie
l'exposition complète des mouvements des astres et des lois qui les régissent;
dans la seconde il passe aux démonstrations de tout le système, et dans la troisième il rapporte les observations sur lesquelles il s'est appuyé (2). On sait
qu'indépendamment des observations antérieures dont s'était servi Ptolémée, il
y avait les observations suivies avec le plus grand soin pendant toute la durée
des IX° et X° siècles par les auteurs de la *Table vérifiée*, qui avaient reçu
du Khalife Almamoun (3) le soin de réviser les tables de l'astronome d'Alexandrie, et par leurs continuateurs au nombre desquels on compte notamment Ebn
Iounis et Aboul-Wéfâ (4). M. Biot le reconnaît lui-même lorsqu'il dit (5):

» PARIS. || IMPRIMERIE IMPÉRIALE. || M DCCC LV) » (In 8.°, de 96 pages, dans la seconde desquelles
on lit : « EXTRAIT N°   DE L'ANNÉE 1855 DU JOURNAL ASIATIQUE »).

(1) Voyez la note précédente.

(2) MATÉRIAUX || POUR SERVIR || A L'HISTOIRE COMPARÉE || DES || SCIENCES MATHÉMATIQUES || CHEZ
LES GRECS ET LES ORIENTAUX, || PAR M. L. AM. SÉDILLOT, etc., page 59, lig. 14—26; pages 60—61;
page 62, lig. 1—20, 22—26.

(3) PROLÉGOMÈNES || DES || TABLES ASTRONOMIQUES || D'OLOUG-BEG || PUBLIÉS AVEC NOTES ET VA-
RIANTES, || ET PRÉCÉDÉS D'UNE INTRODUCTION; || PAR M. L. P. E. A. SÉDILLOT, etc. PARIS, etc. 1847,
page VIII, lig. 10—14, 18—31; page ix, lig. 1—2, 5—14; page xxiij, lig. 4—18; page xxiv, lig. 1—3;
page XXV, lig. 1. — HISTOIRE || DES ARABES || PAR || L. A. SÉDILLOT, etc., page 337, lig. 3—37;
page 338, lig. 1—2, 35—39. — HISTOIRE || DE || L'ASTRONOMIE || DEPUIS SES ORIGINES JUSQU'À NOS
JOURS || PAR || FERDINAND HOEFER || PARIS, etc. 1873, page 254, lig. 4—21. — NOTICES ET EXTRAITS ||
DES MANUSCRITS || DE LA || BIBLIOTHÈQUE NATIONALE || ET AUTRES BIBLIOTHÈQUES, || PUBLIÉS
PAR L'INSTITUT NATIONAL DE FRANCE; || etc. TOME SEPTIÈME || A PARIS, || DE L'IMPRIMERIE DE LA
RÉPUBLIQUE. || An XII, page 148 ; lig. 24—27 ; page 149—229 ; page 230 , lig. 1—2 , note (1). —
كتاب الزيج الكبير الحاكمى || LE LIVRE || DE LA || GRANDE TABLE HAKÉMITE, || *Manuscrit appar-
tenant à la Bibliothèque de l'Université || de Leyde , et prêté à l'Institut national par le Gouver-||
nement Batave;* || TRADUIT || PAR LE C.en CAUSSIN, || Professeur de langue Arabe au Collége de Fran-
ce.||A PARIS,|| DE L'IMPRIMERIE DE LA RÉPUBLIQUE.||An XII. = [1804. v. s] (In 4.°, de 226 pages, dans
la seconde desquelles (lig. 1—2) on lit: « Extrait du tome VII des *Notices et Extraits des* || Manuscrits
» de la Bibliothèque nationale »), page 132, lig. 24—27; pages 133—213; page 214, lig.1—2,notes (1), (2).

(4) MATÉRIAUX || POUR SERVIR || A L'HISTOIRE COMPARÉE || DES || SCIENCES MATHÉMATIQUES || CHEZ
LES GRECS ET LES ORIENTAUX, || PAR M. L. AM. SÉDILLOT, etc., page 74 , lig. 5—11 ; page 75—76;
page 100, lig. 11—26; pages 101—104; page 105, lig. 1—3. — MÉMOIRES || PRÉSENTÉS PAR DIVERS
SAVANTS || A L' ACADÉMIE ROYALE || DES INSCRIPTIONS ET BELLES-LETTRES || DE || L' INSTITUT DE
FRANCE || PREMIÈRE SÉRIE || SUJETS DIVERS D'ÉRUDITION || TOME I. || PARIS , etc. M DCCC XLIV, page
197, lig. 22—27. — MÉMOIRE || SUR LES || INSTRUMENTS ASTRONOMIQUES || DES ARABES, || PAR M. L.
AM. SÉDILLOT, etc. PARIS, etc. M DCCC XLV, page 197, lig. 22—27.

(5) JOURNAL || DES SAVANTS. || ANNÉE 1841. || PARIS. || IMPRIMERIE ROYALE. || M DCCC XLI, page 676,
lig. 30—39, NOVEMBRE 1841. — TRAITÉ,|| DES || INSTRUMENTS ASTRONOMIQUES || DES ARABES || COMPO-
SÉ AU XIIe SIÈCLE || PAR ABOUL—HASSAN—ALI (DE MAROC) , || SOUS LE TITRE DE || COLLECTION DES
COMMENCEMENTS ET DES FINS; || TRADUIT DE L'ARABE || SUR LE MANUSCRIT 1147 DE LA BIBLIOTHÈ-
QUE ROYALE, || PAR FEU M. SS. SÉDILLOT. || PUBLIÉ || PAR M. SÉDILLOT FILS || ARTICLE DE M. BIOT,
EXTRAIT DU JOURNAL DES SAVANTS. — 1841 (de 21 pages , dans le 21e desquelles , numérotée 21
(lig. 36) on lit : « PARIS, IMPRIMERIE ROYALE. — 1842 »), page 18, lig. 30—37.

> « Les Arabes se sont attachés d'abord à
> » perfectionner les déterminations qu'on obtenait, dans ces deux seuls
> » points de l'orbite, par les tables de Ptolémée. Pour aller plus loin, le
> » premier pas à faire était de comparer les observations aux tables dans
> » des points intermédiaires à ceux-là. Or on voit, dans Ebn-Jounis, que
> » plusieurs astronomes de son temps ont eu cette excellente idée, et l'ont
> » même réalisée, pour tous les points de l'orbite, par des séries d'observa-
> » tions longtemps combinées [1].
>
> » [1] *Notices des manuscrits de la Bibliothèque royale*, publiées par l'Académie des ins-
> » criptions, t. VII, p. 122—124, et aussi p. 126—128 ».

« Ajoutons qu'ils avaient signalé tout particulièrement la nécessité d'une correction dans la Théorie de la lune de Ptolémée, puisqu'Ebn Iounis déclare avoir trouvé la lune (1)

« moins avancée par l'observation
que dans les Éphémérides, d'un quart à un tiers de degré.»

« Aboul–Wéfâ était donc dans les meilleures conditions pour compléter les hypothèses de l'Ecole d'Alexandrie, et c'est dans ces conditions qu'il a déterminé *sa troisième* inégalité, s'élévant à 45′ dans *les octants* qu'il désigne par les expressions *trine* et *sextile* ».

« Or ce sont ces mots qui ont été le principal argument de M. Biot (2), et ensuite de M. Bertrand (3) qui ont voulu y voir les élongations de 60 et 120 degrés, auxquelles les astrologues seuls donnaient cette dénomination. M. Biot invoquait (4) le témoignage de M. Munk qui citait les deux ouvrages de Geber et d'Israïli à l'appui de son opinion (5). Or il s'est trouvé que dans l'ouvrage

---

(1) NOTICES ET EXTRAITS ‖ DES MANUSCRITS ‖ DE LA ‖ BIBLIOTHÈQUE NATIONALE, ecc. TOME SEPTIÈME, etc. , page 124. lig. 6—7. — LE LIVRE ‖ DE LA ‖ GRANDE TABLE HAKÉMITE, etc., page 107, lig. 6—7. — MATÉRIAUX ‖ POUR SERVIR ‖ A L' HISTOIRE COMPARÉE ‖ DES ‖ SCIENCES MATHÉMATIQUES, ecc. PAR M. L. AM. SÉDILLOT, etc., page 73, lig. 22—24.

(2) « Comme *la variation* atteint son maximum dans les octants, on a, pour ‖ la retrouver ici » dans le texte arabe, avancé que les mots *tathlith* et *tas* ‖*dis* pourraient bien désigner aussi les » octants, soit dans leur significa-‖tion propre, soit conjointement avec le sens d'aspect trine et d' » aspect ‖ sextile, qu'on leur attribue dans leur usage habituel. Mais, au dire des ‖ orientalistes les » plus expérimentés, cette extension ou cette connexité ‖ de sens seraient contraires à l'analogie gram- » maticale, et sans exemple ‖ dans les textes connus » (JOURNAL ‖ DES SAVANTS. ‖ ANNÉE 1843, etc., page 736, lig. 24—31, DÉCEMBRE 1843. — SUR ‖ UN TRAITÉ ARABE ‖ RELATIF A L'ASTRONOMIE. ‖ ARTICLES DE M. BIOT, etc., page 66, lig. 24—31).

(3) « Un seul point est‖contesté, et nous en prenons note, c'est le sens attribué aux mots *trine* » et‖*sextile* (tathtilh et tasdis), où M. Sédillot croit voir les octants, tandis que‖d'autres traducteurs » affirment qu'ils signifient *le tiers* et *le sixième* de la cir-‖conférence » (COMPTES RENDUS‖HEBDOMADAIRES ‖ DES SÉANCES ‖ DE L'ACADÉMIE DES SCIENCES, etc. TOME SOIXANTE-TREIZIÈME. ‖ JUILLET–DÉCEMBRE 1871, etc., page 583, lig. 22—26, N° 10, SÉANCE DU LUNDI 4 SEPTEMBRE 1871; page 765, lig. 12—15, N.° 13, SÉANCE DU LUNDI 25 SEPTEMBRE 1871). — «*Les expressions de* trine *et de* sex-» tile, *désignent-elles les octants* ? C'est là,‖sans contredit, un des points essentiels du débat. » (JOURNAL ‖ DES SAVANTS. ‖ ANNÉE 1871, etc., page 464, lig. 27—28. — LA ‖ THÉORIE DE LA LUNE ‖ D'ABOUL-WEFÂ. ‖ (EXTRAIT DU *JOURNAL DES SAVANTS*, OCTOBRE 1871, etc., page 12, lig. 10—11). — « L'opinion » de M. Sédillot est probable assuré-‖ment; mais elle ne saurait être opposée à des preuves assurées » que nous‖produirons contre elle » (JOURNAL ‖ DES SAVANTS. ‖ ANNÉE 1871, etc., page 464, lig. 36—38. — LA ‖ THÉORIE DE LA LUNE ‖ D'ABOUL-WEFÂ. ‖ (EXTRAIT DU *JOURNAL DES SAVANTS*, OCTOBRE 1871, etc., page 12, lig. 19—21). — Ces preuves, nous les attendons encore.

(4) JOURNAL ‖ DES SAVANTS. ‖ ANNÉE 1843, etc., pages 736, lig. 1—5. — SUR ‖ UN TRAITÉ ARABE‖ RELATIF A L'ASTRONOMIE. ‖ ARTICLES DE M. BIOT, etc., page 66, lig. 1—5.

(5) COMPTES RENDUS ‖ HEBDOMADAIRES ‖ DES SÉANCES ‖ DE L'ACADÉMIE DES SCIENCES,‖etc. TOME SEIZIÈME. ‖ JANVIER—JUIN 1843. ‖ PARIS, etc. 1843, page 1444, lig. 9—36; page 1445; page 1446, lig. 1—28, N° 25, SÉANCE DU LUNDI 26 JUIN 1843. — COMPTES RENDUS ‖ HEBDOMADAIRES ‖ DES SÉANCES ‖ DE L'ACADÉMIE DES SCIENCES, etc. TOME DIX—SEPTIÈME. ‖ JUILLET—DÉCEMBRE 1843. ‖ PARIS, etc. 1843 , page 76—79; page 80, lig. 1—8, N.° 2, SÉANCE DU LUNDI 10 JUILLET 1843. — JOURNAL ‖ DES SAVANTS. ‖ ANNÉE 1843, etc., page 730, lig. 7—10. — SUR ‖ UN TRAITÉ ARABE ‖ RELATIF A

de Geber, quelques lignes au delà du passage mentionné par M. Munk, Geber appliquait l'expression *trine* à un octant (1), et quant à Israïli les termes *trine et sextile* ne se rencontrent pas dans le passage relatif à l'Almageste cité par M. Munk (2) ».

« D'autre part, il n'existe aucun ouvrage d'un astronome arabe, ou d'un astronome de la renaissance au XVI° et au XVII° siècle , où ces expressions aient une autre signification que celle *d'octant* (3); les astrologues seuls, comme nous

---

L'ASTRONOMIE. ‖ ARTICLES DE M. BIOT, etc. , page 60 , lig. 7—10. — COMPTES RENDUS ‖ HEBDOMADAIRES ‖ DES SÉANCES ‖ DE L'ACADÉMIE DES SCIENCES , etc. TOME SOIXANTE—SEIZIÈME. ‖ JANVIER-JUIN 1873, page 903, lig. 24—31, N.° 15, SÉANCE DU LUNDI 14 AVRIL 1873. — INSTITUT DE FRANCE. ‖ ACADÉMIE DES SCIENCES. ‖ **Extrait** des *Comptes rendus des séances de l'Académie des Sciences,* t. LXXVI; ‖ séance des 7 et 14 avril 1873. ‖ *Sur la découverte de la variation par Aboul-Wefá;* ‖ PAR M. CHASLES, page 8, lig. 25—32.

(1) COMPTES RENDUS ‖ HEBDOMADAIRES ‖ DES SÉANCES ‖ DE L'ACADÉMIE DES SCIENCES, etc. TOME SOIXANTE-TREIZIÈME. ‖ JUILLET-DÉCEMBRE 1871, etc., page 639, lig. 22—39; page 640, lig. 1—2, N° 11, SÉANCE DU LUNDI 11 SEPTEMBRE 1871. — INSTITUT NATIONAL DE FRANCE. ‖ ACADÉMIE DES SCIENCES ‖ Extrait des *Comptes rendus des séances de l'Académie des Sciences,* t. LXXIII, ‖ séances des 4 et 11 septembre, et des 2, 9 et 16 octobre 1871. ‖ HISTOIRE DE L'ASTRONOMIE. ‖ *Sur la découverte de la variation lunaire;* ‖ PAR M. CHASLES , etc. , page 4 , lig. 3—16. — COMPTES RENDUS ‖ HEBDOMADAIRES ‖ DES SÉANCES ‖ DE L'ACADÉMIE DES SCIENCES, etc. TOME SOIXANTE—SEIZIÈME. ‖ JANVIER—JUIN 1873, etc., page 903, lig. 32—35; page 904, lig. 1—4, N.° 15, SÉANCE DU LUNDI 14 AVRIL 1873. — INSTITUT DE FRANCE. ‖ ACADÉMIE DES SCIENCES. ‖ Extrait des *Comptes rendus des séances de l'Académie des Sciences,* t. LXXVI; ‖ séance des 7 et 14 avril 1873. ‖ *Sur la découverte de la variation par Aboul-Wefá;* ‖ PAR M. CHASLES, etc., page 8, lig. 33—35, page 9, lig. 1—5.

(2) COMPTES RENDUS ‖ HEBDOMADAIRES ‖ DES SÉANCES ‖ DE L'ACADÉMIE DES SCIENCES , etc. TOME SOIXANTE-SEIZIÈME. ‖ JANVIER-JUIN 1873, etc., page 1291, lig. 14—35; page 1292, lig. 1—8, N° 21, SÉANCE DU LUNDI 26 MAI 1873. — *Rectification d'un point de la Communication de M. Munk,* ‖ *au sujet de la découverte de la Variation;* ‖ PAR M. L.—AM. SÉDILLOT. (In 4°, de trois pages, dans la 3e desquelles, numérotée 2 (lig. 22—24) on lit : « (26 mai 1873) ‖ GAUTHIER—VILLARS, IMPRI- » MEUR—LIBRAIRE DES COMPTES RENDUS DES SÉANCES DE L'ACADÉMIE DES SCIENCES ‖ Paris. — Quai » des Augustins, 55. »), page 1, lig. 4—22; page 2, lig. 1—8.

(3) Les citations que j'ai faites (MATÉRIAUX ‖ POUR SERVIR ‖ A L'HISTOIRE COMPARÉE ‖ DES ‖ SCIENCES MATHÉMATIQUES, etc., page 213, lig. 17—27, page 214, lig. 1—14 , 25—27), celles de M. Chasles (COMPTES RENDUS ‖ HEBDOMAIRES ‖ DES SÉANCES ‖ DE L'ACADÉMIE DES SCIENCES , etc. TOME SOIXANTE-TREIZIÈME. ‖ JUILLET-DÉCEMBRE 1871, etc., page 640, lig. 3—23, 32—38, N° 14. SÉANCE DU LUNDI 7 AVRIL 1873. — INSTITUT NATIONAL DE FRANCE. ‖ ACADÉMIE DES SCIENCES. ‖ Extrait des *Comptes rendus des séances de l'Académie des Sciences,* t. LXXIII, ‖ séances des 4 et 11 septembre, et des 2, 9 et 16 octobre 1871. ‖ HISTOIRE DE L'ASTRONOMIE. ‖ *Sur la découverte de la variation lunaire;* ‖ PAR M. CHASLES, etc., page 4, lig. 17—27, 34—38; page 5, lig. 1—10), de M. Faye (COMPTES RENDUS ‖ HEBDOMADAIRES ‖ DES SÉANCES ‖ DE L'ACADÉMIE DES SCIENCES, etc. TOME SOIXANTE-SEIZIÈME. ‖ JANVIER—JUIN 1873, etc., page 863, lig. 32—39, N.° 14, SÉANCE DU LUNDI 7 AVRIL 1873. — INSTITUT DE FRANCE. ‖ ACADÉMIE DES SCIENCES. ‖ Extrait des *Comptes rendus des séances de l'Académie des Sciences* , t. LXXVI; ‖ séance des 7 et 14 avril 1873. ‖ *Sur la découverte de la variation par Aboul-Wefá;* ‖ PAR M. CHASLES, page 5, lig. 32—39), de M. Bienaymé confirmant une assertion de M. Chasles au sujet de Reinbold, ne laissent subsister aucune incertitude à cet égard. Cette assertion est la suivante (COMPTES RENDUS ‖ HEBDOMADAIRES ‖ DES SÉANCES ‖ DE L'ACADÉMIE DES SCIENCES, etc. TOME CINQUANTE-QUATRIÈME. ‖ JANVIER—JUIN 1862, etc., pag. 1009 , lin. 26—28, N° 18, SÉANCE DU LUNDI 12 MAI 1862. — INSTITUT IMPÉRIAL DE FRANCE ‖ ACADÉMIE DES SCIENCES. ‖ Extrait des *Comptes rendus des séances de l'Académie des Sciences,* ‖ tome LIV. ‖ séance du 12 mai 1862. ‖ ASTRONOMIE ANCIENNE. — *Sur la Découverte de la* Variation *lunaire;* ‖ PAR M. CHASLES, etc., page 8, lig. 27—29) :

   « Au XVI° siècle plusieurs auteurs (Érasme Reinhold, Christian Vurstisius), en décrivant
  » dans leur *Théorie des Planètes* les huit phases principales de la Lune , en désignent quatre par
  » *trine et sextile* ».

Le passage de Reinbold que M. Chasles cite ici est le suivant: (THEORICAE ‖ NOVAE PLANETARVM ‖ GEORGII PVRBACCHII GERMANI ‖ ab Erasmo Reinholdo Salueldensi plu-‖ribus figuris auctæ, & illustratæ scho-‖liis, quibus studiosi præparentur, ‖ ac inuitentur ad lectionem ‖ ipsius Ptolemæi. ‖ *Inserta item methodica tractatio de illu-*‖*minatione Lunæ.* ‖ PARISIIS, ‖ Apud Carolum Perier, in vico Bellouaco ‖ sub Bellerophonte. M.D.LIII, feuillet 26, *recto, verso,* lig. 1) :

    « EXPOSITIO INSTRVMEN-
    » ti & vsus.
   « PRIMVM *in limbo exterior circulus diuisus in* 180.

venons de le dire, les appliquaient aux élongations de 60 et 120 degrés. Il est donc hors de doute que Trine et Sextile employés par Aboul-Wéfâ désignent les *octants* ».

« Reste l'argument inconcevable d'une ignorance inepte, que MM. Biot et Bertrand dans leur système, sont obligés d'attribuer à Aboul-Wéfâ (1), mais une

> » *spatiola , quæ valent binos gradus repræsentet nobis zodiacum ap-*
> » *positis etiam characteribus seu notis signorum. Postea sequitur cir*
> » *culus in quo sol vehitur, in quo circulo nouē corpuscula solaria de-*
> » *picta sunt, iisq; in proximo spatiolo subiecta notæ aspectuum, vt* ♂
> » *coniunctionis seu nouilunij, sub litera* A. ✳ *sextilis primi.* ☐ *tetra-*
> » *goni primi seu quadrati.* △ *trigoni primi.* ☍ *oppositionis seu pleni-*
> » *lunij.* △ *trigoni secundi.* ☐ *quadrati secundi.* ✳ *sextilis secundi.* »

En mentionnant Christian Vurstisius, M. Chasles fait allusion au passage suivant de son commentaire aux *Theoricæ planetarum* de Peurbach (THEORI-||CÆ NOVÆ PLANE//||TARVM GEORGII PVR-||bachij Germani. || Quibus accesserunt: || *Ioannis de Monte Regio Disputationes, super deli-||ramenta Theoricarum Gerardi Cremonensis.* || Item, || *Ioannis Essler Maguntini, Tractatus utilis ante LX an||nos conscriptus, cui Titulum fecit,* SPECVLVM || ASTROLOGORVM, *in quo Astrolog. erro-||res , ex neglecta temporis æquatione prouenientes , o-||stendŭtur , ꝙ multa quæ ad Theoricarum, præsertim||Octauæ Sphæræ, intellectum faciunt, explicantur.* || QVAESTIONES VERO IN || Theoricas Planetarum Purbachij, au-||thore CHRISTIANO VRST-||ISIO Basil. eadem for-||ma damus. || *Omnia recens in gratiam Candidatorum* || *Astronomiæ edita.* || Cum gratia & priuilegio Cæs. Maiest. || BASILEAE. (In 12.º, de 728 pages, dans la 727e desquelles on lit: « BASILEAE, || EX OFFICINA HENRICPE-||trina, Mense Martio, Anno || » M.D.LXXIII. »), page 383ème, numérotée 87; page 384ème, numérotée 88, lig. 1—2, et col. 1º—4º):

« SCHEMA CRESCEN- » tis Lunæ.

Dies Mē sis	Locus ec cent.	Φ Α Σ Ι Σ	Irradiatio
Primo.	In Apogio	Σύνοδος, coniunctio, seu coitus.	Nulla proprie. ☌
Quarto.	In media lō gitudine	Μηνοειδής, corniculata seu falcata.	Sextilis vel Sexangula. ✳
Septimo.	In Perigio.	Διχότομος diuidua.	Quadrāgula, seu quadrata. ☐
Vndecimo.	In longitudi ne media.	Αμφίχυρτος, vndiq; gibbosa	Triquetra vel triangula. △
Decimo quinto.	In Apogio.	Πανσέληνος, plenilunium.	Oppositio ☍

« SCHEMA DECRESCEN- » tis Lunæ.

Dies Mē sis.	Locus ec cent.	Φ Α Σ Ι Σ.	Irradiatio.
Decimo quinto	In Apogio.	Πανσέληνος, plenilunium.	Oppositio ☍
Decimo nono.	In longitudi ne media.	Αμφίχυρτος, vndiq; gibbosa.	Triquetra. △
Vicesimo secundo.	In Perigio.	Διχότομος diuidua.	Quadrata. ☐
Vicesimo sexto.	In longitudi ne media.	Μηνοειδής, falcata.	Sextilis. ✳
Tricesimo.	In Apogio.	Σύνοδος, coniunctio.	Nulla. ☌ »

(1) Au jugement porté plus haut (page 9 , note 1), ajoutez ce que dit d'Aboul-Wéfâ, M. Biot dans les passages suivants d'un article publié dans le JOURNAL DES SAVANTS de 1845 (JOURNAL || DES SAVANTS. || ANNÉE 1845.|| PARIS. || IMPRIMERIE ROYALE.|| M DCCC XLV, page 152, lig. 10—11; page 156, lig. 28—30; page 158, lig. 31—32, MARS 1845. — SUR UN EXPOSÉ || DE LA || THÉORIE DE LA LUNE || RÉDIGÉ || PAR UN AUTEUR ARABE DU Xe SIÈCLE. || ARTICLE DE M. BIOT || EXTRAIT DU JOURNAL DES SAVANTS DE MARS 1845 (In 4º, de 18 pages, dans la 18e desquelles , numérotée 18 (lig. 5) on lit: « IMPRI-» MERIE ROYALE. — 1845 »), page 4, lig. 10—11, page 8, lig. 28—30, page 10, lig. 31—32) :

> « Ceci est l'équivalent confus et embarrassé des premières
> » lignes du chapitre IV du livre IV de l'Almageste »
>
> « Mais c'est un équivalent tronqué, où le document primitif est mu-
> » tilé de la manière la plus barbare, et défiguré par l'interposition fictive
> » d'observations mensongères. »
>
> « Ceci est encore une paraphrase, à la fois tronquée et
> » diffuse, du chapitre II du livre V de Ptolémée ». .

On lisait déjà dans le même recueil qu'Aboûl-Wéfâ n'avait (IOURNAL || DES SAVANTS. || ANNÉE 1843, etc., page 735, lig. 24—25. — SUR || UN TRAITÉ ARABE || RELATIF || A L'ASTRONOMIE.||ARTICLES DE M. BIOT, ecc., page 65, lig. 24—25) :

telle allégation ne peut se soutenir, devant les témoignages accumulés de son mérite comme mathématicien et comme astronome observateur (1) ».

« S'il était vrai, ainsi que le prétendent MM. Biot et Bertrand, qu'Aboul-Wéfâ n'eût rien compris au sujet qu'il traitait, et qu'il n'eût fait qu'une *paraphrase confuse, embarrassée, inintelligente* du chap. V, Liv. V de l'Almageste de Ptolémée (2), il aurait au moins gardé son rôle de copiste ignorant, et respecté les chiffres de l'original. Ptolémée pour établir ce qu'on a coûtume d'appeler *la prosneuse*, simple rectification des deux premières inégalités lunaires, se sert de deux observations d'Hipparque faites à 45 degrés 15′, et 315 degrés 32′ de l'orbite, et indique comme résultat 46′ et 1° 26′. Vouloir avec MM. Biot et Bertrand qu'en présence de 46′ et 1° 26′ Aboul-Wéfâ ait fait un maximum de 45′ et laissé de coté 1° 26′, puis, qu'aux élongations de 45° 15′ et de 315° 32′, il ait substitué les aspects de 60 et 120 degrés, c'est de la fantaisie toute pure ».

« Aboul-Wéfâ dit positivement qu'il a constaté par des observations suivies pendant plusieurs années, qu'en tenant compte des résultats obtenus avant lui, il est nécessaire d'ajouter à la théorie lunaire une troisième inégalité qui atteint son maximum de 45′ dans les octants, c'est-à-dire à 45°, 135°, 225° et 315°

            « qu'une compréhension imparfaite
» du sujet ».
et qu'il devait-être mis au rang des faussaires et des imposteurs; (« embelecadores, falsarios, y chime-» ristas) » (JOURNAL||DES SAVANTS.||ANNÉE 1843, etc., page 737, lig. 31—35. — SUR || UN TRAITÉ ARABE || RELATIF || A L'ASTRONOMIE.||ARTICLES DE M. BIOT, etc., page 67, lig. 31—35). — M. Bertrand ne reste pas en arrière de cet éreintement systématique, en disant (COMPTES RENDUS || HEBDOMADAIRES|| DES SÉANCES || DE L'ACADÉMIE DES SCIENCES, etc. TOME SOIXANTE-TREIZIÈME. || JUILLET-DÉCEMBRE 1871, etc., page 586, lig. 25—27, N° 10, SÉANCE DU LUNDI 4 SEPTEMBRE 1871; page 765, lig. 22—24, N° 13, SÉANCE DU LUNDI 25 SEPTEMBRE 1871. — JOURNAL || DES SAVANTS. || ANNÉE 1871, etc., page 472, lig. 33—35. — LA || THÉORIE DE LA LUNE || D'ABOUL-WEFÂ. || (EXTRAIT DU *JOURNAL DES SAVANTS*, OCTOBRE 1871, etc., page 22, lig. 9—11) :

                « l'inter-
» prétation de M. Biot réduit donc au minimum les torts de l'astronome
» arabe. L'autre système ferait de lui un auteur complétement absurde ».

(1) HISTOIRE || DE || L'ASTRONOMIE || DU MOYEN AGE; || PAR M. DELAMBRE, etc., page 125, lig. 19—22; page 156, lig. 25—37; pages 157—170. — MATÉRIAUX || POUR SERVIR || A L'HISTOIRE COMPARÉE || DES || SCIENCES MATHÉMATIQUES || CHEZ LES GRECS ET LES ORIENTAUX||PAR M. L. AM. SÉDILLOT, etc., page 224, lig. 8—27; pages 225—242. — PROLÉGOMÈNES || DES || TABLES ASTRONOMIQUES || D'OLOUG-BEG || PUBLIÉS AVEC NOTES ET VARIANTES, || ET PRÉCÉDÉS D'UNE INTRODUCTION; || PAR M. L. P. E. A. SÉDILLOT, etc., page lviij, lig. 3—32; page lix ; page lx, lig. 1—19, 26. — JOURNAL ASIATIQUE, etc. CINQUIÈME SÉRIE || TOME V, etc., page 218, lig. 21—26; pages 219—256, N° 13. FÉVRIER-MARS 1855; pages 309—359, N° 19. AVRIL 1855. — RECHERCHES || SUR || L'HISTOIRE DES SCIENCES MATHÉMATIQUES || CHEZ LES ORIENTAUX, etc. ANALYSE ET EXTRAIT D'UN RECUEIL DE CONSTRUCTIONS GÉOMÉTRIQUES || PAR ABOÛL WAFÂ, etc. PAR M. F. WOEPCKE, etc. — COMPTES RENDUS || HEBDOMADAIRES || DES SÉANCES || DE L'ACADÉMIE DES SCIENCES, etc. TOME CINQUANTE-QUATRIÈME. || JANVIER-JUIN 1862, etc., page 1002, lig. 8—36; pages 1003—1011; page 1012, lig. 1—10. N.° 18. SÉANCE DU LUNDI 12 MAI 1862. — INSTITUT IMPÉRIAL DE FRANCE || ACADÉMIE DES SCIENCES. || Extrait des *Comptes rendus des séances de l'Académie des Sciences*, || tome LIV, || séance du 12 mai 1862. || ASTRONOMIE ANCIENNE. — *Sur la Découverte de la* Variation *lunaire* ; || PAR M. CHASLES, etc. — — COMPTES RENDUS || HEBDOMADAIRES || DES SÉANCES || DE L'ACADÉMIE DES SCIENCES, etc. TOME SOIXANTE-TREIZIÈME. || JUILLET-DÉCEMBRE 1871, etc., page 642, lig. 8—35, 37—39; page 643. N° 11. SÉANCE DU LUNDI 11 SEPTEMBRE 1871. — INSTITUT NATIONAL DE FRANCE. || ACADÉMIE DES SCIENCES || Extrait des *Comptes rendus des séances de l'Académie des Sciences*, t. LXXIII, || séances des 4 et 11 septembre, et des 2, 9 et 16 octobre 1871. || HISTOIRE DE L'ASTRONOMIE. || *Sur la découverte la variation lunaire* ; || PAR M. CHASLES, etc., page 6, lig. 30—35, page 7, page 8, lig. 1—29. — Voyez ci-dessus, page 9, note (2).

(2) JOURNAL || DES SAVANTS, || ANNÉE 1843, etc., page 735, lig. 8—13. — SUR || UN TRAITÉ ARA-

de l'orbite, *moindre que cette mesure en deçà et au delà de chaque octant,* nulle *dans les conjonctions et oppositions; est-ce assez clair ? »*

« Il n'est pas hors de propos de rappeler en finissant que Tycho Brahé, exposant son système de la *Variation,* la qualifie de HYPOTHESIS LVNAE REDINTE‖GRATA *(sic)* (1), comme il aurait pu dire d'une chose déjà connue ».

« J'ai l'honneur d'être, Messieurs,

Votre très humble et très
Obéissant Serviteur,
SÉDILLOT ».

Je n'ai plus, cher Prince, pour conclure, qu'à reproduire le premier jugement porté par J. B. Biot à l'origine du débat, et qui devra le terminer (2) :

> « Enfin, pour que rien ne manque à cette singulière coïncidence, parmi
> » toutes les constructions géométriques qui pouvaient représenter la nou-
> » velle inégalité, Aboul-Wéfa paraît employer justement la même que
> » Tycho a choisie, et les coefficients numériques dont ils l'affectent tous
> » deux diffèrent seulement par des quantités dont l'un et l'autre n'au-
> » raient pu que bien difficilement répondre. De sorte qu'en voyant une
> » rencontre tellement complète, on est involontairement conduit à se
> » demander si l'observateur européen n'aurait pas eu quelque notion de
> » la découverte arabe ».

Nous avons exposé ailleurs les motifs qui pourraient justifier à bon droit cette hypothèse (3).

Veuillez agréer, Cher Prince, l'assurance de mes sentiments affectueux et dévoués

L. AM. SÉDILLOT.

BE ‖ RELATIF A L'ASTRONOMIE. ‖ ARTICLES DE M. BIOT, etc., page 62, lig. 8—13. — JOURNAL ‖ DES SAVANTS. ‖ ANNÉE 1871, etc., page 471, lig. 15—19. — LA ‖ THÉORIE DE LA LUNE ‖ D'ABOUL WEFÂ. ‖ (EXTRAIT DU *JOURNAL DES SAVANTS,* OCTOBRE 1871, etc., page 20, lig. 16—20.

(1) TYCHONIS ‖ BRAHE DANI, ‖ ASTRONOMIÆ INSTAV-‖RATÆ PROGYMNASMATA. ‖ Quorum hæc ‖ *PRIMA PARS* ‖ DE RESTITVTIONE MOTVVM ‖ Solis & Lunæ, Stellarumque inerrantium ‖ tractat. ‖ *ET PRÆTEREA DE ADMIRANDA* ‖ *noua Stella Anno* 1572. *exorta luculenter agit.* ‖ *ANNO M. DCX.* ‖ Excudi primum cœpta Vraniburgi Daniæ,‖ ast Pragæ Bohemiæ absoluta.‖ *PROSTANT* ‖ Francfurti apud Godefridum Tampachium. ‖ *Cum Cæsaris & Regum quorundam priuilegiis,* page 124ème, numérotée 04 (quatrième page d'un Appendice intercalé entre les pages numérotées 112 et 113) de 28 pages, dont les 1ère—27ème sont numérotées 01—015, 017, 018, 017, 020, 022—028, et la dernière n'est pas numérotée), lig. 1—2. — Lalande a parlé de cet Appendice (BIBLIOGRAPHIE ‖ ASTRONOMIQUE; ‖ AVEC ‖ L'HISTOIRE DE L'ASTRONOMIE ‖ DEPUIS 1781 JUSQU'À 1802 : ‖ *Par JÉRÓME DE LA LANDE,* ‖ A PARIS, etc. AN XI. = 1803, pag. 138, lin. 19—21).

(2) JOURNAL ‖ DES SAVANTS. ‖ ANNÉE 1841, etc., page 677, lig. 19—27, NOVEMBRE 1871. — TRAITÉ ‖ DES ‖ INSTRUMENTS ASTRONOMIQUES ‖ DES ARABES ‖ COMPOSÉ AU XIIᵉ SIÈCLE ‖ PAR ABOUL-HASSAN-ALI (DE MAROC), etc. ARTICLE DE M. BIOT ‖ EXTRAIT DU JOURNAL DES SAVANTS. — 1841, etc., page 19, lig. 19—27.

(3) MATÉRIAUX ‖ POUR SERVIR ‖ A L'HISTOIRE COMPARÉE ‖ DES ‖ SCIENCES MATHÉMATIQUES, etc. PAR M. L. AM. SÉDILLOT, etc., page 215, lig. 25; page 216—217; page 218, lig. 1—5. — COMPTES RENDUS ‖ HEBDOMADAIRES ‖ DES SÉANCES ‖ DE L'ACADÉMIE DES SCIENCES, etc. TOME SOIXANTE-SIXIÈME. ‖ JANVIER-JUIN 1868, etc. PARIS, etc. 1868, pages 286—288; page 289, lig. 1—22, Nᵒ 6, SÉANCE DU LUNDI 10 FÉVRIER 1868. — *De la détermination de la troisième inégalité lunaire ou variation,*‖ *par* Aboul-Wéfà *et* Tycho-Brahé ; ‖ PAR M. L.-AM. SÉDILLOT (In 4.ᵒ, de 4 pages, dans la quatrième desquelles, numérotée 4 (lig. 36—38) on lit : « (10 février 1868.)‖GAUTHIER-VILLARS, IMPRIMEUR-» LIBRAIRE DES COMPTES RENDUS DES SÉANCES DE L'ACADÉMIE DES SCIENCES. ‖ Paris. — Rue de Sei-» ne-Saint-Germain, 10, près l'Institut ». — BULLETTINO ‖ DI ‖ BIBLIOGRAFIA E DI STORIA ‖ DELLE ‖ SCIENZE MATEMATICHE E FISICHE, etc. TOMO I, etc., pages 51—53. FEBBRAIO 1868. — SUR LA DÉTERMINATION DE LA TROISIÈME INÉGALITÉ LUNAIRE ‖ OU *VARIATION* PAR ABOUL-WÉFÂ ET TYCHO BRAHÉ. ‖ LETTRE DE M. L. AM. SÉDILLOT A D. B. BONCOMPAGNI (In 4.ᵒ de 3 pages, dans la troisième desquelles, numérotée 3 (lig. 30—31) on lit : « Estratto dal *BULLETTINO DI BIBLIOGRAFIA E DI* » *STORIA DELLE SCIENZE MATEMATICHE E FISICHE* ‖ TOMO I. — FEBBRAIO 1868 »).

Texte et traduction du passage d'Aboul-Wéfâ.

الفصل العاشر فى الاختلاف الثالث الذي يوجد للقمر المسمّى اختلاف المحاذاة و
ايضا لما عرفنا الاختلافين اللذين قدمنا ذكرهما و جعلنا احدهما علي جهة فلك
التدوير و هو الاختلاف الاول الذي كنّا نجده ابدا عند الاجتماعات و الاستقبالات
و عرفنا مقداره بالارصاد المتوالية وجدناه لا يزيد فى مثل هذه الاوقات علي خمسة
اجزا بالتقريب و انه ينقص عن هذا المقدار فى اوقات و ربما لم يكن اصلا ثم
وجدنا هذا الاختلاف يزيد فى غير اوقات الاجتماعات و الاستقبالات و اكثر ما
وجدنا زيادته اذا كان القمر من الشمس علي نحو من تربيع و انه يبلغ فى مثل
هذه الاوقات نحو جزين و ثلثين بالتقريب و ربما ينقص عن هذا و ربما لم يكن
اصلا و جعلنا هذا العرض له علي جهة الفلك الخارج المركز وجدنا ايضا بعد ان
عرفنا مقدار هذين الاختلافين و مقدار خروج مركز الفلك الخارج المركز عن مركز
فلك البروج اختلافا ثالثا يعرض له فى الاوقات التى يكون مركز فلك التدوير
فيما بين البعد الابعد والبعد الاقرب من فلك الخارج المركز و اكثر ذلك
يكون اذا كان القمر علي نحو تثليث من الشمس او تسديس و لم نجده يعرض
عند الاجتماعات و المقابلات و فى اوقات التربيعات فانا لما عرفنا مشى القمر فى
الطول و مشيه فى الاختلاف و تاملنا الاوقات التى لا يكون له من جهة التدوير
اختلاف اعنى الاوقات التى يكون القمر فيها عند البعدين المختلفين من فلك
التدوير فان القمر اذا كان فى هذين الموضعين من فلك التدوير لم يعرض له من
الجهتين جميعا اختلاف فان حركته المستوية انما هى حول مركز العالم و اذا كان
البعد عند هذا بينه و بين الشمس المقدار الذي ذكرنا وجدنا له اختلافا ثالثا نحوا
من نصف و ربع درجة بالتقريب و ذلك انا رصدنا القمر فى امثال هذه الاوقات
بـــــــالالات الـــــــــتــــــــى قـــــدمنا ذكـــــــــرها
فاذا وجدناه فى جزء من اجزا فلك البروج بالحقيقة وجدنا موضعه بالحساب
الذي صححناه بالاختلافين اللذين قدمنا ذكرهما فى اكثر من ذلك الموضع او اقل
منه بنحو من نصف و ربع جزء و وجدنا هذا الاختلاف ينقص عن هذا المقدار اذا
كان بعد القمر عن الشمس اقل او اكثر من تسديس او تثليث فعند ذلك علمنا

ان له عارضا اخر سوي العارضين اللذين تقدم ذكرهما و ليس ممكن ان يكون
ذلك الا من جهة انحراف قطر فلك التدوير عن محاذاة النقطة التى حولها
تكون المستوية اعنى مركز فلك البروج فان قطر فلك التدوير اذا كان منحرفا
عن النقطة التى حولها تكون الحركة المستوية عرض القمر اختلاف فى فلك البروج
و ذلك لان البعد الابعد من فلك التدوير يتغيّر و لا يمرّ الخط الخارج من
مركز فلك البروج الى مركز فلك التدوير بالموضع الذي كان يمرّ به فى الاوقات
التى يكون فيها مركز فلك التدوير على البعدين المختلفين من الفلك الخارج
المركز و يتغيّر بعد القمر عن البعد الابعد من فلك التدوير فانا قد جعلنا ابدا
حركة القمر فى فلك تدوير من البعد الابعد اذا كان مركزه على البعدين المختلفين
من الفلك الخارج المركز فلما تاملنا ما ذكرنا و استخرجنا تلك النقطة بالطرق التى
ذكرناها فى مواضعها وجدنا بعدها عن مركز العالم الى ناحية البعد الاقرب من الفلك
الخارج المركز من الخط المارّ بالمراكز مساويا البعد الذي بين مركز فلك البروج
و مركز الفلك الخارج المركز و نحرّر تبيين الارصاد التى منها عرفنا هذا الاختلاف
عند ذكرنا معرفة الاختلافات الحريه للكواكب

Chapitre X: de la troisième inégalité qu'on trouve à la lune, appelée *iné-galité du Mohadzat*.

Item : Après avoir déterminé les deux inégalités dont nous venons de donner la description et que nous avons expliquées, l'une par le moyen d'un épicycle c'est la première inégalité que nous avons trouvée constamment lors des conjonctions et des oppositions et dont nous avons reconnu la grandeur par des observations consécutives, ayant trouvé que dans les mêmes temps, elle ne s'élève pas au-delà de cinq degrés environ, mais qu'elle peut être moindre que cette grandeur dans ces temps et quelquefois nulle —. Puis nous avons trouvé que cette inégalité augmente dans d'autres temps que les conjonctions et oppositions et qu'elle atteint au maximum lorsque la lune et le Soleil sont près de la quadrature; qu'elle s'élève dans ces mêmes temps à près de deux degrés deux tiers environ et qu'elle peut être moindre, et quelque fois nulle, et nous avons expliqué cette modification de la première inégalité au moyen d'un excentrique.

Item : nous avons trouvé, après avoir déterminé la grandeur de ces deux inégalités, ainsi que la distance du centre de l'excentrique au centre du zodiaque, une troisième inégalité qui survient à la lune, lorsque le centre de l'épicycle est entre l'apogée et le périgée de l'excentrique, et qui atteint son maximnm lorsque la lune est *en trine ou sextile* environ, à l'égard du Soleil, mais que nous n'avons vue ni dans les conjonctions et oppositions, ni au temps des quadratures.

Et quand nous avons reconnu le mouvement de la lune en longitude , et son mouvement en anomalie, et considéré le temps où par rapport à l'épicycle, il n'y a pas d'inégalité, savoir le temps où la lune est à l'une ou à l'autre distance, apogée ou périgée de l'épicycle, (or la lune, quand elle est à l'un ou à l'autre de ces deux points, n'éprouve aucune des deux premières inégalités, et son mouvement a lieu seulement autour du centre du monde), lorsque la distance, dans ce cas là, entre la lune et le Soleil est telle que nous l'avons dit , nous avons trouvé à la lune une *troisième inégalité*, d'environ une moitié et un quart de degré à peu près; et pour cela , nous avons observé la lune dans les temps indiqués avec les instruments que nous avons mentionnés ci-dessus; et lorsque nous avons eu son lieu vrai dans un des degrés du zodiaque, nous avons trouvé au moyen du calcul rectifié, relatif aux deux premières inégalités ci-dessus décrites, sa place plus avancée d'une demie et d'un quart de degré environ, et nous avons reconnu que *cette inégalité est moindre que cette mesure*, lorsque la distance de la lune au soleil *est plus petite ou plus grande* qu'en trine et sextile. Et d'après cela nous avons reconnu que la lune éprouve encore une inégalité, indépendamment des deux autres que nous avons précédemment décrites.

Et cela ne peut avoir lieu que par l'effet de la déviation du diamètre de l'épicycle du *Mohadzat* (ex *Mohadzat*) du point autour duquel se fait le mouvement moyen, savoir le centre du zodiaque.

Certes, le diamètre de l'épycicle lorsqu'il dévie du point autour duquel a lieu le mouvement moyen, cause à la lune une inégalité dans le zodiaque, et cela parce que l'apogée de l'épycicle varie, et que la ligne menée du centre du zodiaque au centre de l'épycicle ne passe plus par les lieux où elle passait dans les temps où le centre de l'épicycle est vers l'une ou l'autre distance (apogée ou périgée) de l'excentrique et la distance de la lune à l'apogée de l'épicycle varie.

Or nous avons fait commencer le mouvement de la lune sur son apogée, lorsque son centre est à l'une ou l'autre distance (apogée ou périgée) de l'excentrique; et après avoir considéré attentivement ce que nous venons d'exposer et déduit ce point par les voies que nous avons mentionnées en leur place, nous avons trouvé que sa distance au centre du monde, du côté du périgée de l'excentrique, sur la ligne qui passe par les centres, est égale à la distance qui est entre le centre du zodiaque et le centre de l'excentrique, et nous expliquerons les observations par lesquelles nous avons reconnu cette inégalité, lorsque nous exposerons les inégalités spéciales des planètes.